Never Ending Note

未来に残すエンディングノート

令和ブルーVer.

Title タイトル
················♥···

Name 名前
··♥··········

Date 記入開始日   /   /
···

FLOWER & BEE
SHUEISHA

Contents

Prologue
── はじめに ──

....

Never Ending ── 大切な想いは永遠に ──

　きっかけは2011年3月11日の東日本大震災でした。
「永遠に続くと思っていた平和な日常も、何かが起きて、明日にはなくなってしまうかもしれない」そんな不安を抱いて過ごす日々の中で、「万が一のとき」誰かに大事なことを託すノートが必要だと思ったのです。

　「いつ何が起こるかわからない今、あなたは未来に何を残しておきたいですか」そんな問いかけで、Facebook上に「未来に残すエンディングノート編集委員会」はスタートし、1400名近くの方からさまざまな意見をいただきました。

　「重い、暗いノートではなく、想い、明るいノートにしたい」（40代）、「私しか知らない子供が泣きやむオヤツのことを書いておきたい」（30代）、「突然何かが起こったとき、親に可哀相と泣かれたくない。愛されて幸せだったこと、一生懸命頑張っていたことを、ちゃんと書いておきたい」（20代）…

　リアル編集会議に参加された方たちの、そんな声も、心にリフレインさせながらノートを作ってきました。

　そして生まれたこのノートは、もしものときに役立つだけの"Ending Note"でなく、その時、その瞬間の大切な想いを伝え、あなたと大切な人を永遠につなぐ"Never Ending Note"。

　どうか「自分が主人公の、たったひとつしかない、かけがえのない人生の記録」を心から楽しんで記してくださいますように。そして、素敵な気づきがありますように。

書く前に

....

1.
タイトルはあなたがつけてください。
まるごとあなたのノートです。扉ページに好きなタイトルを。
書き始め。書き終わったとき。突然、ひらめいたときにどうぞ。

2.
どこからでも、どんな風にでも。ヒントは欄外に。
書きたいと思ったところから、自由に、自分のペースで書きま
しょう。Qや、欄外のアイデアは書くときの小さなヒントです。

3.
日付は忘れずに書きましょう。
まず、記入開始日を扉のページに。どのページも書き終わったら
欄外下の日付欄に記入しましょう。自分といつか読む人のために。

4.
自分の好きなスタイルで、無理なく楽しく。
写真を貼る、詩や絵を書く。データ部分は手書きではなく、PC
データをプリントアウトして貼る…etc. 負担にならない方法で
書いていきましょう。使い方ガイド(P6〜)も参考に。

5.
大切なものは、「未来に残すファイル」へ。
写真や手紙、もしものときの連絡リストなどの更新していきたい
データ(CDなど)は、巻末のファイルに入れて保存してください。

6.
このノートに法的効力はありません。
もしものときに「こうしてほしい」という希望を書くページがあり
ますが(P98〜)、法的効力を必要とする事柄は専門家にご相談く
ださい。あらかじめ家族などに希望を伝えておくことも大事です。

7.
大切に保管し、保管場所は託す人にだけ伝えて。
重要なデータばかりの一冊です。なくさないよう大切に保管して、
ノートの存在と保管場所は、託す相手だけに伝えてください。

8.
「Never Ending Note」の日を作って更新を。
大切な想いもデータも、時とともに変化します。お正月や誕生日
など、おりに触れ、読み返したり、書き足したりしてください。

How To Personalize
─ 使い方ガイド ─

実際に、書き込んでいただいたページを紹介します。
表現も、想いも、気づきもそれぞれですが、自分ら
しいノートにするヒントが見つかればと思います。

chapter_1　Data & Memories

My Favorite
私のお気に入り

(P18) 音楽、映画、食べ物、お店…あなたの好きなものについて書いてください。
タグのままでも、ひとつに絞っても、違うテーマに変えてもよいのです。

友人や家族にも見せて、楽しい話題作りに

「引き出しから大好きなものたちが飛び出
すイメージでお気に入りのもの、写真をコ
ラージュしました。実は、引き出しの取っ
手の収集が趣味の私。Collectionという
新しいタグを作って紹介も。このページは
友人や家族と見せ合うと楽しそうです」

My Point

1　お気に入りのページだからビーズ
　　など好きな素材を使って切り貼り

2　ミニブックを作って本を紹介。
　　開くとタイトルが見えるように

3　ミラノで撮った鳥や風景をセピア
　　にして洋雑誌風にコラージュ

カイフチエリさん

アーティスト　1983年生まれ。
オーストラリア、鎌倉で育つ。コ
ラージュ、消しゴムはんこの作
品など。P8〜9、P12も製作

P26 年齢の下に年号と出来事を記して、あとは自由に。質問は当時を思い出したり、これからを考えるためのヒントです。

未来を考えたら自分の願いに気づきました。

「出産後、離婚し、シングルマザーになり、30代は大変でした。そのまま書くと暗いのでSATCのキャリー気分で"靴と人生"をテーマに書きました。80代では息子も50歳！どうなりたいか書いてみたら、"本当に欲しいもの"が何かに気づいてハッとしました」

My Point

1 何かひとつテーマを決めて書くと、自分らしく楽しい年表に

2 大好きな靴でその当時を表現。色紙に描いてタグをコラージュ

3 将来のこともかなり具体的に書く。イメージする写真も貼って

sinoさん
イラストレーター　1967年生まれ。雑誌や書籍、Webサイトを中心に活躍中。家を出る予定の社会人の息子さんと二人暮らし

P36 人生を変えた出会い、出来事から、温泉、アートなど趣味ベスト10などテーマは自由。書く順番も好きなところからどうぞ。

地元のベスト10をMYガイドブック風に

「鎌倉在住なので、とっておき散策ポイント10ヶ所の回り方を地図にオイルペーパーを重ねた上にマークしました。寺のパンフや店のカードを貼っても臨場感が出そう。貼り切れない資料は封筒に入れて貼りつけておいてもいいですよね」(カイフチさん)

My Point

1 鎌倉という文字や、鉛筆、数字は得意の消しゴムはんこでペタリ!

2 折々に撮影していた写真にガイドブック風に文章をつけて

3 書いても消せるペンを使って書くと、書き間違っても大丈夫

Four Seasons

季節の記憶

P48 季節の他、幸せ、愛、家族…など、記憶のページは忘れられない思い出を自由に綴ってください。詩、エッセイ、小説のように書いても素敵です。

自分にとって大事なことを思い出す作業

「いちばん昔を回想したページです。アルバムから、桜、夏祭り、雪だるま…と写真を選ぶ段階でもう懐かしくて。小さい頃住んでいたオーストラリアの真夏のサンタなど、転勤の多かった家族との日々を思い出し絆を改めて感じました」(カイフチさん)

My Point

1 昔の写真をスマホで撮り、アプリで正方形に加工して印刷

2 新しい写真もあえてヴィンテージ風にして統一感を

3 マスキングテープなども活用して季節感を出してみる

世界地図にあなたの旅の思い出を記録してください。P58には日本地図もあります。旅をまとめて記録しておくよいきっかけに。

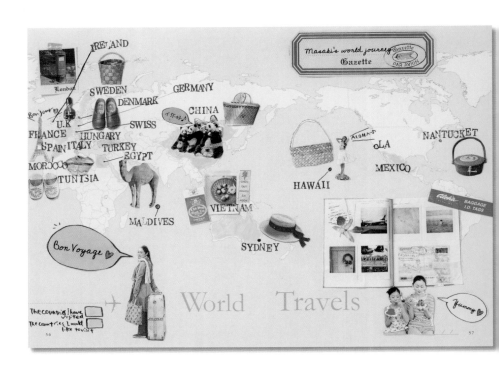

MY世界地図で次の目標が見えてきました

「旅のスクラップ帳を見ながら行った国を記したら、かなり場所が集中していて。自分の興味やセンスの原点に気づきました。どこに行ってもカゴを買ってることも (笑)。何も記してない地域が気になってきて、次に旅したい場所とテーマも決まりました!」

My Point

1 行ったことのある国をピンク、これから行きたい国を黄色で塗ってみる

2 カゴなどの土産や、娘との楽しい写真を縮小コピー & 切り抜いて、ぺたぺた♪

3 国名はハンコ、文字は筆ペンで。ラクダなど次の旅の目標も貼り、気分 UP!

Happy Days
ハッピーデイズ

P60 好きなテーマを自由に書けるページです。思い出に残る日のことを書いたり、他のページで書ききれなかったことを詳しく書いてもいいですね。

大切な家族＝犬たちとの愛しい日々を記録。
「結婚以来、ずっと犬と一緒。娘はラブラドールのグレ＆モリと育ち、今はトイプーのもぐら＆ピカソやヴォルスの姉貴分に(笑)。歴代わんことの思い出深い写真を貼ったこのページ、泣いたり笑ったりのにぎやかな毎日が蘇って、心がじんわり温まります」

My Point

1 ポラ写真を縮小コピーしてテープどめ。書き文字が当時のままで懐かしい

2 表情やしぐさ、それぞれのキャラがいちばん出ているものをセレクト

3 Xmas、誕生日…腕をふるった特製ワンコごはんやスイーツ写真も一緒に

雅姫さん

モデル、洋服＆生活雑貨ブランド「ハグ オー ワー」、「クロス＆クロス」デザイナー　1972年生まれ。夫と娘と犬3匹暮らし

11

Recipe Note

語りつぎたい美味しい味

P66 家に伝わる味、子供に伝えたいレシピ、大好きなお店のメニューやコツ等、美味しい記憶をここに。

My Treasures

私の宝物

P74 大切なもの、思い出の品について書いておきましょう。誰に譲りたいかも記せます。写真やイラストも一緒に。

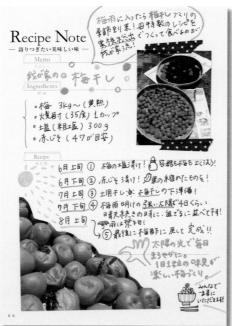

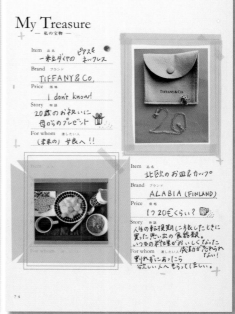

母に季節ごとの我が家の味を教わるきっかけに

「日常的に食べている"母の味"や、おせちなどの特別な料理を一緒に作って教わって。大切な味を少しずつ記録していきたいです」(カイフチさん)

My Point

1 大胆に写真を貼ったり、吹き出しなどで美味しさを表現

2 時期&作り方のコツが一目でわかるように。イラストも添えて

大切なものだから額縁に入れたようなイメージで

「自分の節目や思い出と共にあるものは、大切な宝物。受け継がれるもの、思い出いっぱいだけど消えるもの、両方書きとめたい」(カイフチさん)

My Point

1 セッティングして撮影して、テープでまわりを縁どり

2 宝物に合わせて、ペンやテープの色を変えて楽しく

Messages
大切な人へのメッセージ

P82 パートナー、子供、家族や友人などに想いを伝えるページ。いつもは
言葉にできない気持ちを素直に書いてみてください。写真など添えて。

どんどん成長する娘の"今"を書きとめたい

「子育てと仕事の忙しい日々。その時々で娘がどうだったかを忘れてしまいそう。だから今の自分の気持ちと、娘が夏休みにハマっていたもの、苦手なことなど具体的なエピソードを書きました。メモや絵も一緒に貼っておけば、その瞬間を思い出せます」

My Point

1　自分の気持ちと娘の状況を率直に表現。娘の2Bの鉛筆で(笑)

2　落書きや、なんだかんだ書いてあるメモをポケット付箋で保存

3　今後も折々にメッセージと状況を書いていくと、貴重な記録に

飛田和緒さん

料理家　1964年生まれ。シンプルで美味しい家庭料理が得意。花之子ちゃん誕生からの子育てエッセイも。海辺の町暮らし

Data & Memories

自分を見つめる。

ざあ、スタートです。お気に入りの飲み物と音楽を用意して好きなページから書いてみましょう。
好きなもの、心に残る言葉、自分年表、私のベスト10、幸せの記憶、ターニングポイント…etc.
今の自分、これまでの自分を自由な気持ちで表現することで、"ほんとうの自分"が見えてきます。

on ne voit bien qu'avec le cœur.
l'essentiel est invisible pour les yeux.

心で見なくちゃ、ものごとはよく見えない。
ほんとうに大切なことは、目には見えないんだよ。

サン・テグジュペリ　1900 - 1944　作家　「星の王子さま」

Personal Data
— 私のプロフィール —

Name 名前

Blood Type 血液型

Birthday 誕生日

Year of 干支

Horoscope 星座

Address 住所

Registered Address 本籍

Tel 電話

Fax ファックス

Mobile Phone 携帯

まずは、シンプルに自分自身のことを書きましょう。携帯や PC のアドレスなどは P132 へ。

Anniversary   大切な記念日

License   資格・免許

Hobby   趣味・特技

About Myself   私ってこんな人

スペースにお気に入りの顔写真を貼っておくのもいいですね。 ＿＿＿／＿＿＿／＿＿＿   17

My Favorite
― 私のお気に入り ―

Music

Book

TV

あなたの好きなことは何ですか。タグのテーマのまま書いてもよいし、書きたいテーマに変えたり、

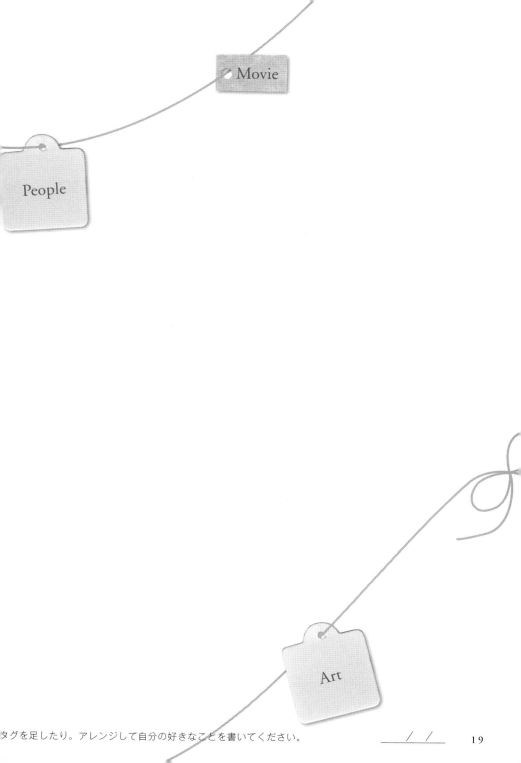

Movie

People

Art

タグを足したり。アレンジして自分の好きなことを書いてください。

Color

Flower

Fashion

1ページにいくつテーマを書くか、どんな風に書くかはあなた次第。ぎっしり書いても、単語だけ並

Jewels

Shop

Cosmetics

べても。写真を貼ったり、イラストを描いてみても。

Events

Sports

Food

お気に入りの食べ物やカフェのメニューを縮小カラーコピーして貼ってみたり。チケットやショップ

Places

Drink

Restaurant

カードを貼ってみるのも楽しいですね。

Precious Words

―― 心に残る言葉 ――

座右の銘は?

好きな恋の格言は?

本の一説、映画のセリフ、あの人に言われたひとこと…。ここには、心にいつもリフレインさせたい

嬉しかった言葉は?

好きな四文字熟語は?

元気が出る言葉は?

大切な言葉を書きとめておきましょう。　　　　　　　　　　/　　/　　　25

History & Wish List
— 自分年表 & これからやりたいことリスト —

Q. どんな子供でしたか?

Q. 名前の由来は?

Age	0	1	2	3	4	5	6	7	8	9	10
Year											
Event											

Q. 初恋はいつ、誰に?

Q. 最初の記憶は?

0歳から100歳まで年齢の数字を記してあります。Yearに年齢に対応した年号を書き込み、その頃の

Q. 熱中したことは？

11   12   13   14   15   16   17   18   19   20

Q. 放課後の過ごし方は？

Q. デートの思い出は？

Q. 仕事のエピソードは?

Q. 結婚について

Age	21	22	23	24	25	26	27	28	29	30
Year										
Event										

Q. あなたの夢は?

Q. 旅の思い出は?

　　Qに答えて書いていくだけでも自分年表ができますが、Qの上から違うことを書いて消してしまって

Q. 憧れのライフスタイルは?

Q. 悩んでいることは?

31	32	33	34	35	36	37	38	39	40

Q. 住まいについて

Q. 挑戦したいことは?

Q. 家族について

Q. ストレスは？

Age	41	42	43	44	45	46	47	48	49	50
Year										
Event										

Q. リスタートしたいことは？

Q. 健康法は？

文字だけでなく、イラストを描いたり、当時の写真や、思い出のカードなどをマスキングテープや、

Q. 新しい発見は?

Q. アンチエイジングの秘訣は?

51 52 53 54 55 56 57 58 59 60

Q. やってみたい趣味

Q. 再会した or したい人は?

Q. これから学びたいことは?

Q. 暮らしたい街は?

Age	61	62	63	64	65	66	67	68	69	70
Year										
Event										

Q. 今後のライフワークは?

Q. 社会とどう関わりたい?

　　今の年齢から先は、これからの目標や、その年頃になっていたい自分のイメージを書いてみましょう

Q. 行きたいところは?

Q. 整理しておきたいことは?

| 71 | 72 | 73 | 74 | 75 | 76 | 77 | 78 | 79 | 80 |

Q. 家族や友達とどう過ごす?

Q. 新しく始めたいことは?

History & Wish List

— 自分年表&これからやりたいことリスト —

☐   ☐

☐   ☐

☐   ☐

☐   ☐

☐   ☐

Age	81	82	83	84	85	86	87	88	89	90
Year										
Event										

☐   ☐

☐   ☐

☐   ☐

☐   ☐

☐   ☐

☐   ☐

☐   ☐

これからやってみたいこと(Wish)を書いてみましょう。全部で50個あります。書いたことができたら

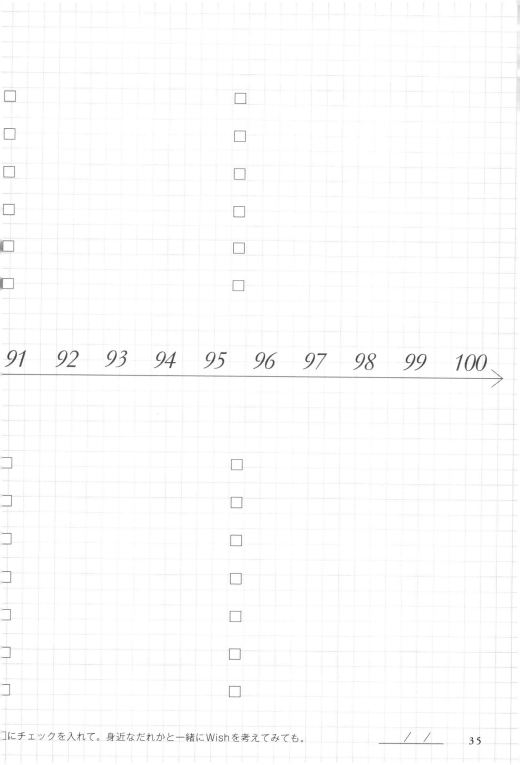

91   92   93   94   95   96   97   98   99   100

My Life's Best 10
── 私のベスト10 ──

1

2

3

5

4

ここにはあなただけのベスト10を。旅、食べ物、街、コスメ、温泉…etc. 自分史上最高のランキング

6

8

10

Theme
テーマ
....

2

1

3

4

5

人生を変えた出来事や出会いベスト10、生まれてきてよかったと感じた瞬間ベスト10、人生に影響を

6

7

8

9

10

与えた社会的事件ベスト10…あなたの場合はなんですか。

Theme
テーマ

1

2

3

4

5

すべてをベスト10にしなくても大丈夫。よかったことだけでなく、たとえば成功したダイエット5つ

....

....

....

....

....

挫折したダイエット5つを書くのも、自分記録になります。　　　　　　／　／

1

2

3

4

5

地のデザインは気にしないで自由に書いてください。空間をすべて埋めなくてもかまいません。

6

7

8

9

10

ベスト３にしてイラストや、写真、資料をスクラップして充実させても。　　　　／　／　43

My Happy Memories

幸せの記憶

　幸せの思い出、瞬間。いつのことでも、いくつ書いても。少しずつ書いて埋めていくのもいいですね。

子供のときのこと。仕事のことでもいいのです。

愛の記憶

　初恋、失恋、プロポーズ。秘めた想いや告白。パートナーとのストーリーなどを、詩のように、または

Memories of Love

Spring

Summer

季節の記憶

　春、夏、秋、冬。…花、風景、匂い、人、味、遊び。シーンとともに、どんな記憶が蘇りますか？

Four Seasons

Autumn

Winter

写真を貼ってもいいですね。

Memories of Family

家
族
の
こ
と

透けるグラシン封筒を貼って、たくさんの写真や思い出のかけらを詰めたり。家族で一緒に書いて

みるのもいいかもしれません。

ターニングポイント

Turning Point

あなたの転機はいつ、どんなことがきっかけだったのでしょうか。ピンチや辛かった逆境のことも

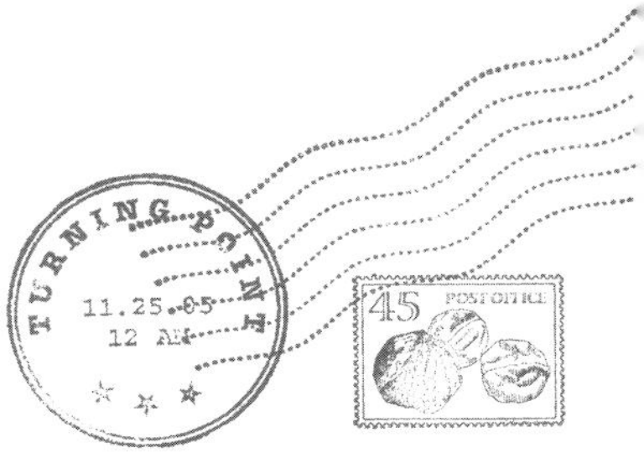

書いてみてはどうでしょう。

/ /

友達のこと

　　いつの時代のことを書きたいですか。子供の頃から振り返っても、たったひとりの親友のことでも。

Memories of Friends

行ったところ。行きたいところ。それぞれ違う色を塗り分けたり、写真やチケットなど旅の思い出を

World

Travels

ぺたぺた貼ってもいいですね。それで地図が隠れてしまってもいいのです。　　　　／　／　　　57

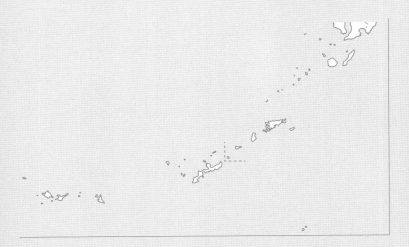

Discover Japan

住んだところ、旅したところ。出会った人。食べたもの。何を記すかは自由です。

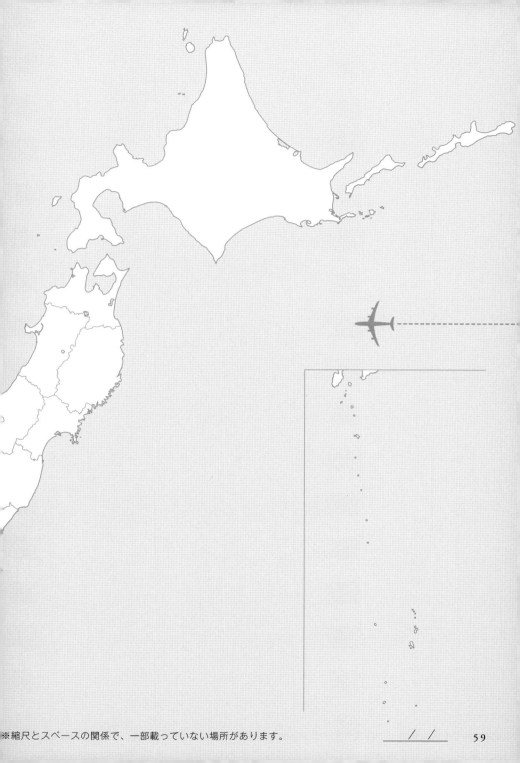

※縮尺とスペースの関係で、一部載っていない場所があります。

Happy Days
— ハッピーデイズ —

印象深く、大切に残したい出来事、これまでのページで書ききれなかったことなどを、自由に記して

ください。絵日記みたいにしても、写真のコラージュでも。 ＿＿＿／＿／ 61

chapter_2

Share

大切なことをシェアする。

ここでは、あなたのお得意レシピ、親から教わったレシピ、旅先やお気に入りの店で食べた料理など
を書きましょう。そして、あなたが大切にしているもの、思い出深いものについても書いてみてくだ
さい。いつ、どんな風にそれに出会ったかの物語も一緒に。そして誰に譲りたいのかも──。

人生を生きるのに、愛するもの、好きなことを一つでも多く
増やすのは、たいへん、たのしい重要なことです。
田辺聖子　1928 - 2019　作家　「苦味を少々」

Recipe Note
— 語りつぎたい美味しい味 —

Menu
メニュー

Ingredients
材料

Photo

Recipe
作り方

Episode
エピソード

我が家代々の味、自分の得意料理、レストランで教わったとっておきのメニュー。残しておきたいレシ

Menu
メニュー

Ingredients
材料

Photo

Recipe
作り方

Episode
エピソード

をエピソードとともに記録。Photo部分には、イラストを描いて貼っても。　　　　　　／　／

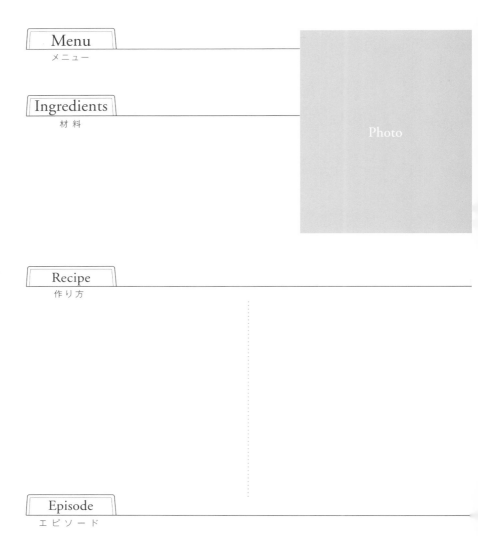

Menu
メニュー

Ingredients
材料

Photo

Recipe
作り方

Episode
エピソード

あの国、あの宿で食べた料理が最高だった、昔おばあちゃんが作ってくれた料理が忘れられないなど

Menu
メニュー

Ingredients
材　料

Photo

Recipe
作 り 方

Episode
エ ピ ソ ー ド

美味しい記憶も記しておきたいですね。

Menu
メニュー

Ingredients
材料

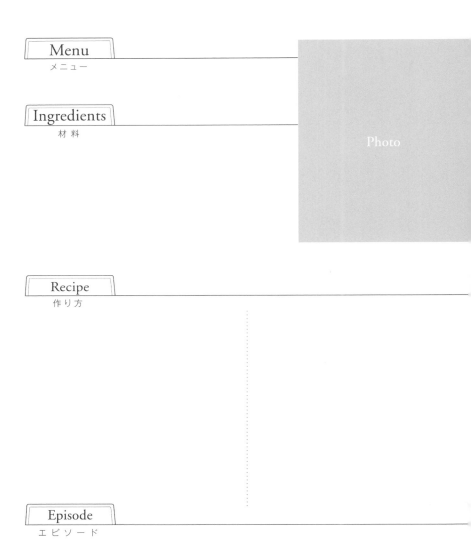

Photo

Recipe
作り方

Episode
エピソード

Menu
メニュー

Ingredients
材料

Photo

Recipe
作り方

Episode
エ ピ ソ ー ド

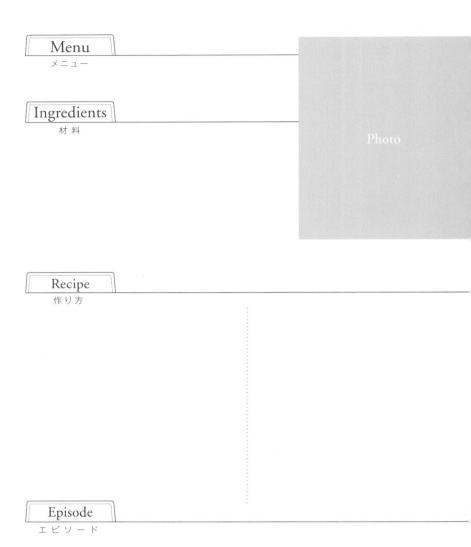

Menu
メニュー

Ingredients
材料

Photo

Recipe
作り方

Episode
エピソード

Menu
メニュー

Ingredients
材料

Photo

Recipe
作り方

Episode
エピソード

My Treasures
― 私の宝物 ―

Item　品名
_____

Brand　ブランド
_____

Price　価格
_____

Story　物語

_____

For whom　渡したい人
_____

Item　品名
_____

Brand　ブランド
_____

Price　価格
_____

Story　物語

_____

For whom　渡したい人

Item　品名
_____

Brand　ブランド
_____

Price　価格
_____

Story　物語

_____

For whom　渡したい人

Item　品名
_____

Brand　ブランド
_____

Price　価格
_____

Story　物語

_____

For whom　渡したい人
_____

　ジュエリー、服、靴、バッグ、小物、何でも。あなたの大切なもの、お気に入りについて記しましょう。

Item 品名

Brand ブランド

Price 価格

Story 物語

For whom 渡したい人

Item 品名

Brand ブランド

Price 価格

Story 物語

For whom 渡したい人

Item 品名

Brand ブランド

Price 価格

Story 物語

For whom 渡したい人

Item 品名

Brand ブランド

Price 価格

Story 物語

For whom 渡したい人

もし譲るとしたら誰に譲りたいですか。

Item 品名

Brand ブランド

Price 価格

Story 物語

For whom 渡したい人

Item 品名

Brand ブランド

Price 価格

Story 物語

For whom 渡したい人

Item 品名

Brand ブランド

Price 価格

Story 物語

For whom 渡したい人

Item 品名

Brand ブランド

Price 価格

Story 物語

For whom 渡したい人

1ページに4アイテムを書いてもいいですし、枠の部分には隣に書いたアイテムの写真やイラストを

Item 品名

Brand ブランド

Price 価格

Story 物語

For whom 渡したい人

Item 品名

Brand ブランド

Price 価格

Story 物語

For whom 渡したい人

Item 品名

Brand ブランド

Price 価格

Story 物語

For whom 渡したい人

Item 品名

Brand ブランド

Price 価格

Story 物語

For whom 渡したい人

持ってわかりやすく記録するのもおすすめです。

Item 品名

Brand ブランド

Price 価格

Story 物語

For whom 渡したい人

Item 品名

Brand ブランド

Price 価格

Story 物語

For whom 渡したい人

Item 品名

Brand ブランド

Price 価格

Story 物語

For whom 渡したい人

Item 品名

Brand ブランド

Price 価格

Story 物語

For whom 渡したい人

Item　品名

Brand　ブランド

Price　価格

Story　物語

For whom　渡したい人

Item　品名

Brand　ブランド

Price　価格

Story　物語

For whom　渡したい人

Item　品名

Brand　ブランド

Price　価格

Story　物語

For whom　渡したい人

Item　品名

Brand　ブランド

Price　価格

Story　物語

For whom　渡したい人

chapter_3

Messages

想いを伝える。

大好き。愛してる。ありがとう。ごめんなさい。なかなか言えないけれど、ほんとうは心の中でいつ
も思っていること。考えていること。あなたの大切な人たちに、そんな想いを伝えるメッセージを
書いてみましょう。そして、未来にこれだけは伝えたいということも書いてみましょう。

よく気をつけて、人と人の間に橋渡しをし、糸をつないでちょうだい。
一つ、また一つ、笑顔の花びらをつないで、首かざりにするために。

田辺聖子　1928 - 2019　作家　「ほのかに白粉の匂い」

Messages
— 大切な人へのメッセージ —

Dear:
....

Dear:

···

カードに想いをつづって封筒に入れて、貼りつけておいてもいいですね。　　　　　／　／　　　83

Dear:
....

Dear:
....

To:

To:

Messages
── 大切な人へのメッセージ ──

To:

To:

To:

To:

Thank you
─ ありがとうのメッセージ ─

Dear :

....

感謝の気持ちを伝えたい人に、自分の想いを記しましょう。メッセージを書いたカードや写真などを封筒に入れ

Dear:

....

宛名と渡したい時期を書いて貼っておくのもいいかもしれません。　　　　　／　／　　89

To:

To:

Thank you
— ありがとうのメッセージ —

To:

To:

To:

To:

I'm Sorry
── ごめんなさいのメッセージ ──

To :

....

謝りたかったけど、言えなかった…。想いがあふれて書ききれなかったり、直接渡したい場合はメッ

To :

....

Message for the Future
― 未来へ伝えたいこと ―

子供や孫、もっと先の子孫に。未来の社会の人々に向けて。人生論でも教訓でも、社会について言い

たいこと、伝えたいこと。自由に書いてください。

chapter_4

Ending Creation

最後まで自分らしく。

この章では、もしものときのことを考えていきましょう。医療、告知、介護、葬儀、墓、遺言、相続…。
各項目をチェックしながら、きちんと知って、少しずつ自分なりにイメージする。どうしたいのか。
どう準備しておけばいいのか。そして、自分らしいエンディングをクリエーションできたらと思います。

いつも小さい不満を持っているから、私たちは幸せになる能力があるの。
望む、かなえる。私たち、これをずっと続けていくもの。

林真理子　1954 -　作家　「トーキョー国盗り物語」

医療・告知について

告知や延命治療について、家族と話したことがありますか？
ちょっと気が重い話ですが、自分の考えを伝えておくことはとても大切なこと。もしものときの家族の負担も軽くなります。

健康データ

血液型	RH ＋	アレルギー
型	－	

健康保険証・介護保険証

かかりつけの医者

病院／担当医	連絡先	病名

持病と薬（病名／薬の種類）

既往症（病名／期間／手術歴）

※両親や祖父母の病歴についてはP120～121へ、保険についてはP128～129に書き込みましょう。

もしものとき

重病になったときの告知

☐ 病名・余命ともに告知してほしい　　☐ 病名のみを告知してほしい

☐ 病名・余命ともに告知しないでほしい

☐ その他（　　　　　　　　　　　　　　　　　　　　　　　　　　　）

延命治療について

☐ 延命治療を希望する　　☐ 苦痛緩和治療は希望するが延命のみの治療は不要

☐ 延命治療は望まない　　☐ 家族に任せる

☐ 尊厳死を希望し、書面を作成している　保管場所（　　　　　　　　　　　）

臓器提供・献体について

☐ 臓器提供・献体を希望しない

☐ 意思表示をしている（健康保険証・運転免許証・

　マイナンバーカード・意思表示カード・ネット登録）

☐ 献体・アイバンクなどに登録している

　登録先：

☐ その他（　　　　　　　　　　　）

■臓器提供について

臓器提供は、健康保険証・運転免許証・マイナンバーカード・意思表示カード・インターネットによる意思登録で意思表示ができます。本人の意思が不明な場合でも、家族の承諾があれば臓器提供を実施できます。提供を希望する人もしない人も、家族の理解を得ておくことが大切です。

日本臓器移植ネットワーク
http://www.jotnw.or.jp/ ☎0120-78-1069

誰かが判断しなければならない場合、意見を尊重してほしい人

（名前：　　　　　　　　　　　　　連絡先：　　　　　　　　　　　　　　　）

医療・告知がわかるＱ＆Ａ

Q. 延命治療について知っておくべきことは？

A. 一度始めた延命治療はなかなか止められないことも。自分の意思を家族に伝えておきましょう。延命治療とは、回復の見込みがない末期の患者への生命維持のための医療行為です。人工呼吸器の装着、鼻や胃からチューブで栄養を入れる経管栄養、心停止の際の心臓マッサージなど、内容はさまざま。"いつまでどんな治療を施すべきか"は、とてもデリケートな問題です。自分で意思を伝えられない状態の場合、判断をする家族の心の負担ははかりしれません。日頃から延命治療に対する考えを家族に伝えておきましょう。病院側とのトラブルを防ぐためには、書面にしておくことも大切。日本尊厳死協会の「リビング・ウイル（終末期医療における事前指示書）」が参考になります。公証役場で「尊厳死宣言公正証書」を作成することもできます。

日本公証人連合会
http://www.koshonin.gr.jp/business/b06　03-3502-8050
日本尊厳死協会
https://songenshi-kyokai.or.jp
03-3818-6563

介護について

病気や事故にあって動けなくなったとき、あなたはどのよ
うな介護を受けたいですか？　まわりの人が迷わず、また
自分自身も困らないように、具体的に考えてみましょう。

誰かが判断しなくてはならない場合、意見を尊重してほしい人

(名前：　　　　　　　　　　　　　　連絡先：

介護をお願いしたい人と場所

- □ 家族で自宅　　　　　　　　□ プロのヘルパーや介護サービスで自宅
- □ 病院や施設 ⇨利用したい病院や施設がある
  (名前：　　　　　　　場所：　　　　　　　連絡先：
- □ 家族の判断に任せる
- □ その他 (

介護費用

- □ 自分の預貯金や年金で
  (　　　　　　　　　　　　　　　　　　　　　　　　　)
- □ 保険で
  (会社：　　　　　　保険名：　　　　　　連絡先：
- □ 特に用意してない
- □ その他
  (

財産の管理ができなくなったとき、体が不自由になったとき、認知症になった ときに管理をお願いする人について

- □『任意後見契約』や『財産管理等の委任契約』などを結んでいる
  (名前：　　　　　　　連絡先：　　　　　　　間柄：
  内容：　　　　　　　書面の保管場所：
- □ お願いしたい人がいる
  (名前：　　　　　　　連絡先：　　　　　　間柄：
- □ その他 (

Q. ひとり暮らしの私、認知症になったらどうすればいい?

A. 信頼できる人や弁護士などに、生活設計や財産管理を委任する制度があります。「任意後見制度」は、判断能力が衰えた場合に備えて、あらかじめ後見人を指定し、公正証書で契約を結ぶ法的な制度です。後見人は親族のほかに、友人や弁護士、司法書士などの第三者を指定することもできます。これに対して、体が不自由になり、自分で財産管理が困難になった場合などに利用する契約が「財産管理等の委任契約」。脳梗塞の後遺症で寝たきりになった場合などに、預貯金の引き出しなどの代理手続きができるよう、委任契約を結ぶものです。自分のお金を託すのですから、後見人や代理人選びはとても重要。悪意をもった使い込みだけでなく、何のために使ったのかなど、後から親族とトラブルになるケースもあります。第三者に依頼する場合は、親族の承諾を得ておくとよいでしょう。以下の相談窓口では、簡単な電話相談または関係機関の紹介などを行っています。詳しくは各地の弁護士会や法律相談センターへ。

公益社団法人　成年後見センター　リーガルサポート
http://www.legal-support.or.jp/
本部　　　　03-3359-0541
東京支部　　03-3353-8191
大阪支部　　06-4790-5643　　他全国各地
東京弁護士会　オアシス
http://www.toben.or.jp/bengoshi/madoguchi/oasis.html
第一東京弁護士会　しんらい
http://www.ichiben.or.jp/soudan/trouble/koureisya.html
第二東京弁護士会　ゆとり〜な
https://niben.jp/service/soudan/kojin/management/
※上記の東京三弁護士会による合同電話相談窓口
03-3581-9110
大阪弁護士会　高齢者・障害者総合支援センター
http://soudan.osakaben.or.jp/himawari/index.php
06-6364-1251
法テラス・サポートダイヤル
http://www.houterasu.or.jp/
0570-078374（法制度、関係機関紹介）

Q. 介護費用っていくらかかる?

A. 介護の程度、保険の有無などによって、大きな負担となることもあります。
介護にかかる金額は、どの程度の介護が必要か、在宅か施設か、介護保険からの給付があるかなどによって実際の負担金額が大きく変わります。たとえば、食事やトイレ、衣服の脱ぎ着など、基本的な生活で人の介助が必要となる要介護3〜4の場合、1ヶ月の介護保険サービスの支給限度基準額はおよそ30万円。平成30年から自己負担の割合が年収に応じ、1割から最大3割となりました。介護保険料の納付は40歳から始まりますが、サービスが受けられるのは基本的に65歳になってから。ただし、がんや関節リウマチ、パーキンソン病など16種の特定疾病で介護が必要な場合は40〜64歳でも保険が適用されます。民間の保険会社の介護保険や生命保険の介護特約などは、契約によりかなり適用基準や給付の金額が違います。一度保険を見直して、自分にあったプランを考えてみましょう。

Q. もし介護が必要になったときはどこに相談すればいい?

A. まずは市区町村の窓口で相談を!
突然の病気で介護が必要になったら、いったいどうすればいいのでしょうか。費用は払いきれるだろうか。幼い子供の世話はできるのかなど、さまざまな不安がのしかかります。そんなときにはまず、市区町村の福祉窓口に相談しましょう。必要な手続きについての説明、地域の包括支援センターの利用法、無料で受けられる介護サービスなど、さまざまな情報を得ることができます。自治体により提供するサービスや補助が違います。積極的に質問をして、上手に利用しましょう。

葬儀について

お葬式も自分らしくと考える人が増えています。希望する葬儀にするためには、具体的なプランを考えておきましょう。ただし遺族の負担や気持ちを思いやることも忘れずに。

葬儀の実施について

- □ してほしい
- □ しなくていい
- □ おまかせする

葬儀の宗教について

- □ 仏教 (宗派:　　　　　　　　　)　　□ 神道 (宗派:　　　　　　　　　　)
- □ キリスト教 (宗派:　　　　　)　　□ 無宗教
- □ その他宗教 (　　　　　　　　)　　□ おまかせする

菩提寺や教会名 (　　　　　　　　　　 連絡先:　　　　　　　　　　)

葬儀の業者や会場について

- □ 特に考えていない
- □ 予約している (業者名:　　　　　　　　　　　　 連絡先:　　　　　　)
- □ 希望はある
- □ その他 (

葬儀について　その他の希望 (規模、スタイルなど)

葬儀の費用について

- □ 用意していない
- □ 用意している (預貯金・保険など)
- □ その他 (

喪主になってほしい人

(名前：   連絡先：   間柄：   )

挨拶をお願いしたい人

☐ お願いしたい人がいる

   (名前：   連絡先：   間柄：   )

☐ 特に考えていない

死亡通知について　※ P136 ～の連絡リストに記入する欄があります。

☐ 葬儀までに知らせたい人のリストがある　　　保管場所 (　　　　　　　　　)

☐ 葬儀が済んでから知らせたい人のリストがある　保管場所 (　　　　　　　　　)

☐ 任せる

戒名 (法名) について

☐ つけてほしい　　☐ つけないでほしい

☐ 持っている

   (戒名：   宗派：   )

☐ 希望・その他 (　　　　　　　　　　　　　　　　　　　　　　　)

葬儀で使ってほしい花について

☐ おまかせする

☐ 祭壇に使ってほしい花がある (　　　　　　　　　　　　　　　　)

☐ 献花に使ってほしい花がある (　　　　　　　　　　　　　　　　)

葬儀時や納棺時の服装について

☐ おまかせする

☐ 希望の服がある

   (服の詳細：   保管場所：   )

※イラストを描いておいたり写真をここに貼っておくとわかりやすくておすすめです。

葬儀で使用したい音楽について

☐ 使いたい音楽は特にない

☐ 使いたい音楽がある (

※使いたい音楽のCDがあれば、巻末の「未来に残すファイル」に入れておきましょう。

遺影について

☐ 特に決めていない

☐ 使ってほしい写真がある (保管場所：

※使ってほしい写真があれば、巻末の「未来に残すファイル」に入れておきましょう。

香典について

☐ いただく　　☐ 辞退する　　☐ おまかせする　　☐ その他 (

香典返しの希望

☐ 業者や親族に任せる

☐ 希望がある (

棺・骨壺に入れてほしいものについて

☐ 特に考えていない

☐ 入れてほしいものがある (

その他の希望・葬儀に関して家族・親戚・友人へ伝えたいこと

Q. 葬儀社を選ぶポイント、ありますか？

A. 少なくとも3社以上の見積もりを比べて。

気持ちにも時間にも余裕がない状態での葬儀社選びはとても大変。もしもにそなえて事前に準備をしておきましょう。急な対応を迫られた場合でも、数件の葬儀社に電話をすること。対応がよい会社に見積もりを依頼し、3社以上を比較検討しましょう。費用だけにとらわれず、親身な対応をしてくれるか、地元の事情に精通しているかも重要なポイントです。

Q. 遺影ってどんな写真を用意するといいの？

A. 毎年一枚はきちんとした写真を撮る。

遺影選びはお葬式の重要ポイント。昔は集合写真を引き伸ばしたピンぼけ写真もありましたが、いまは遺影にこだわる人が多くなりました。とはいえ列席者の気持ちを思うと、あまり若い頃の写真も考えもの。実は遺影の枚数は決まっていません。メインは自分の好きな写真。左には学生時代、右手には最近の写真を置くという方法もあります。記念日などにきちんとした写真を撮っておくとよいでしょう。

Q. 結婚式みたいにお葬式のセルフプロデュースってできますか？

A. お葬式はフリースタイルも可能。家族の協力を得て、自分らしい式にしましょう。

宗教・宗派ごとの決まり事や作法をおさえておけば、自分らしいアレンジが可能です。好きな花で会場を飾りたい。お気に入りの服を着たい。ビデオメッセージを流したいなどの簡単なアレンジはもちろん、ティーパーティ式の葬儀にしたい、後日、ウエディングパーティをした思い出のホテルでお別れ会をしたい…等、これまでの形式にとらわれない葬儀を希望する人も増えています。ユニークな演出が得意な葬儀社に事前に相談するとよいでしょう。ただし、あまり奇抜な内容は周囲が反対することも。家族や友人の協力を取り付けておくことも大切です。

Q. お金をかけず、シンプルに見送ってほしいのですが…

A. 金額よりも送る人の気持ちを大切に。

葬儀全体の費用の目安は150万～200万円。金銭的な負担から、小規模の家族葬や、火葬だけ行う直葬を望む人も増え、専門の業者や斎場もできています。葬儀は残された人が死を受け入れ、心の整理をするためにも大切な儀式。金額だけにこだわらず、残された人の気持ちに配慮したお別れを考えましょう。

Q. おひとり様の私、遺品整理って誰に頼めばいいの？

A. 専門業者や信託銀行に生前予約を。

「終活」の一環として、遺品整理業者に生前予約をする人が増えています。遺品整理、形見の送付、不用品の処分、清掃、デジタル遺品の整理などの多くのサービスがあります。相見積もりをとり、信頼できる業者を見つけましょう。銀行や信託銀行では預金や不動産等の"遺産整理業務"を扱っています。

お墓について

お墓や供養の方法も、最近ではバリエーションが豊かになりました。ただし、戒名や納骨は親族や菩提寺の意向も考慮すること。法事などのおりに、関係者に相談してみましょう。

希望するお墓

☐ 先祖代々のお墓 ⇨「お墓についての情報」に記入しておきましょう。

☐ すでに購入しているお墓 ⇨「お墓についての情報」に記入しておきましょう。

☐ 新たにお墓を購入 (希望の場所：

☐ 樹木葬墓地 (希望の場所：

☐ 散骨してほしい (希望の場所：

☐ 特に考えていない　　☐ その他 (

お墓についての情報

(名 称：　　　　　　　　　　　連絡先：

所在地：

墓地使用権者：　　　　　　　　備考：

あなたのお墓を承継してほしい人

(名前：　　　　　　　　　　　　連絡先：

※ここに書いても法的効力はありません。遺言書に書くと、法的効力が発生します。

お墓や供養にかかる費用について

☐ 特に用意していない

☐ 預貯金をあててほしい (

☐ 保険で用意している (

☐ その他 (

その他してほしいこと、してほしくないこと、お墓や墓石・仏壇などについて伝えておきたいことなど

Q. 思い出の海や山に散骨してもらいたいけど、どうしたらいい？

A. 散骨はルールを守ることが大切。
海への散骨の際には、遺骨を細かく砕く、なるべく沖合で行うなど、守るべきルールがあります。樹木葬は、墓石の代わりに樹木を墓標として散骨・埋骨する方法です。条例を設け、決められた場所以外での散骨を禁止している自治体もあるので、専門業者や団体に相談するか、散骨を希望する市区町村に問い合わせをして

みましょう。ただし、自然葬は遺骨が残らないために、遺族が心の拠り所を失って後悔するというケースもあるようです。建物の中に遺骨を安置する納骨堂は、比較的安価で、交通の便がよい場所も多く、お参りに行きやすいと利用者が増えています。すべてを散骨せず、一部を分骨してお墓に納めることもできるので、よく家族で話し合いましょう。

Q. 子供がいない私、お墓はどうすればいいの？

A. 永代供養墓や共同墓が増えています。
一般的に「お墓を買う」といいますが、実際は永代使用権を買っているだけ。しかも永代使用とは「継承者がいる限り使用できる」に過ぎないため、守り手がいなくなれば先祖代々の墓も無縁墓になります。そこでできたのが継承者のいらない永代供養墓や合葬墓。生前に申し込み、永代使用権、供養料、管理料などを一括納付するのが一般的です。

Q. お骨をダイヤにできる!?

A. 遺骨や遺髪から人工ダイヤが作れます。
亡くなった後も、大切な人のそばにいたい。そんな思いを叶えるのが「手元供養」という方法です。加工型は、遺骨や遺灰を使って、人工ダイヤモンドやメモリアルプレートを作るというもの。ペットの遺骨も受け付けています。納骨型は、小型の骨壺やペンダントに遺骨や遺灰の一部を入れる方法。洋風のリビングに合うクリスタルの骨壺や、卵型など可愛いデザインも人気です。

Q. 姑と同じお墓には入りたくない…

A. だれとどんなお墓に入るかは本人の自由。でも家族の気持ちを考えることも大切。
死んだ後までなさぬ仲の姑と同じ墓なんて耐えられない！ 事実婚のパートナーと一緒のお墓に入りたい！ お墓をどうするかは自分の一存では決められないデリケートな問題です。ただし、長男が継ぐもの、結婚した女性は嫁ぎ先のお墓に入るものというのは、あくまでも慣習に過ぎません。一人っ子が多くなった現在では、結婚して姓が変わった娘が実家の

墓を継承することもあり、嫁ぎ先ではなく実家の墓に入るという人もいます。また、田舎に先祖代々の墓があっても、近隣で墓参りができるようにと夫婦で新しいお墓を作る場合もあります。さらに、永代供養墓では個人や友人、他人との合葬などさまざまな選択肢があります。状況によっては、分骨という方法もあります。自分の希望や気持ちを家族や親戚に前もって伝えて理解してもらい、後悔のない選択をしましょう。

遺言・相続について

"相続"は"争族"を生むといわれるほど、トラブルが多いもの。
残された家族や友人がトラブルに巻き込まれないためにも、
遺言書やエンディングノートを作っておくことが大事です。
※ただし、エンディグノートに法的効力は生じません。

遺言書について

□ 遺言書を作成していない

□ 遺言書を作成している

    □ 自筆証書遺言　　□ 公正証書遺言　　□ 秘密証書遺言

遺言書の保管場所

連絡先：

一番新しい遺言書を作成した日

年　　　　　　月　　　　　　日

相続についての希望や考えていること

※ここに書いても法的効力はありません。正式な遺言書に書くと、法的効力が発生します。

Q. 私にも遺言書って必要ですか？

A.　遺言書は残される人への思いやりです。
金額の多少にかかわらず、財産がある限
りはできるだけ遺言を残しましょう。特
に遺言が必要となるのは、内縁のパート
ナー、認知していない子供、同居してい
る嫁や婿、世話になった友人など、法定
相続人以外の人に財産を残したい場合で
す。また、相続人のうちの誰かに多く分
与したり、特定の財産をあげたい場合に
も、遺言が必要となります。トラブルが
発生しやすいのは、離婚や再婚をした人、
子供がいない夫婦、自宅以外の財産がな
い人、相続人同士が疎遠な人など。相続
に関するトラブルは、遺言書があれば
1/3に減るといわれます。エンディング
ノートで意思を伝えることはできますが、
法的効力はありません。できるだけ、正
式な遺言状を作りましょう。

Q. ペットのために遺言を残せる？

A.　ペットに財産を譲ることはできませんが、
遺言書を残すことは可能です。
日本の法律ではペットは「物」として扱
われるため、ペット自身は遺産を相続で
きません。自分が死んだ後のペットの将
来が心配な場合は、遺言でペットの世話
を条件に遺産を贈る「負担付遺贈」をす
ることが考えられます。好きな食べ物な
どの世話の仕方を指示することもできま
す。遺言執行者（遺言を実行するために
指定された人）を選任して、世話をして
いるかを監督してもらうこともできます。

Q. 遺言ってどう書けばいいんでしょう？

A.　遺言は法律で決められた方式があります。
一般的な遺言書には「自筆証書遺言」と
「公正証書遺言」の2種類があります。
公正証書遺言は、公証役場で作成して原
本を保管してもらうもので、財産の価額
等に応じた作成費用がかかります。自筆
証書遺言は、市販の解説書などを参考に、
自分で作成することができます。令和元
年の改正により、一部パソコンの使用や
通帳のコピーなどが認められ、さらに法
務局に預けられるようになるなど、手軽
で安全に遺言が残せるようになりました。

Q. 遺言書やエンディングノートはどこで預かってもらえる？

A.　弁護士や銀行などにも預けられます。
せっかく書いたエンディングノートや自
筆証書遺言も、残された人たちの手に渡
らなければ何の意味もありません。特に
重要な内容が書かれている遺言書は、き
ちんと管理することが大切です。弁護士、
税理士、行政書士などは、遺言書の作成、
保管および執行業務を取り扱っています。
銀行や信託銀行にも同様の遺言信託とい
うサービスがあります。エンディングノ
ートは自宅に置く人が多いようですが、
一部の銀行や葬祭センターなどで保管サ
ービスを受け付けています。

※契約をしている弁護士・行政書士等が
いれば連絡先をP136に記入してください。

Q. そもそも私の相続人ってだれ?

A. 配偶者は常に相続人となり、そのほか①子→② 直系尊属(例.父母)→ ③兄弟姉妹の順に、法定相続人の権利が発生します。

遺言書がない場合、財産は法律で定められた法定相続人が受け継ぎます。夫婦に子供がいる場合は、配偶者と子供にそれぞれ1/2ずつ。子供がいない場合は配偶者2/3、直系尊属(親、いなければ祖父母など)に1/3。子供も直系尊属もいない場合は兄弟姉妹に1/4の相続分が発生するなど、一定の割合が決められています。離婚した前妻には相続の権利はありませんが、別居している子供は離婚と関係なく相続人となります。同居していた娘に、ほかの子より多く残したい、世話になった人に財産を譲りたいなど、特別な希望がある場合には、遺言書で指示をすれば、他人に財産を残すことができます。法定相続人もおらず遺言書もない場合には、家庭裁判所での手続きを経て、財産は国のものとなります。

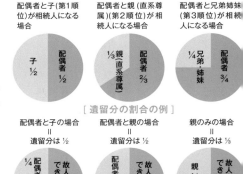

[法定相続の割合]

配偶者と子(第1順位)が相続人になる場合
子 1/2 / 配偶者 1/2

配偶者と親 (直系尊属)(第2順位)が相続人になる場合
1/3 親(直系尊属) / 配偶者 2/3

配偶者と兄弟姉妹(第3順位)が相続人になる場合
1/4 兄弟姉妹 / 配偶者 3/4

[遺留分の割合の例]

配偶者と子の場合 = 遺留分は ½
配偶者 / 故人が自由にできる分 / 子 1/4 / 1/4

配偶者と親の場合 = 遺留分は ½
配偶者 1/3 / 故人が自由にできる分 / 親 1/6

親のみの場合 = 遺留分は ⅓
親 1/3 / 故人が自由にできる分

「遺留分」とは、故人の意思にかかわらず法定相続人(ただし兄弟姉妹は除く)が一定の割合の財産をもらう権利。遺言書に「愛人にすべての財産を与える」と記載があっても、配偶者や子、親は合わせて1/2の権利を主張できます。相続人が直系尊属のみの場合の遺留分は合わせて1/3です。

Q. 借金も相続されてしまうの?

A. 3ヶ月以内に放棄しなければ、借金もマイナスの財産として相続されます。

相続というと預貯金や不動産などの財産のことだと思いがちですが、借金やカードローンなどの"マイナスの財産"も相続の対象となります。相続の承認・放棄には、「単純相続」「相続放棄」の他に、プラスの財産の範囲内で借金を支払う「限定承認」を選ぶことができます。原則として相続人であることを知った日から3ヶ月以内に申請がなければ、自動的に単純相続とみなされます。家族に迷惑をかけないよう、借金・債務の内容はエンディングノートや遺言書で明らかにしておきましょう。

Q. 夫婦二人で住んでいた家、ひとりになっても住める?

A. 配偶者居住権によって、そのまま自宅に住めるようになりました。

子供がいない夫婦では、故人の親に財産の1/3、親がいない場合には、兄弟姉妹に1/4の権利が発生します。そのため、持ち家以外に財産がなく、親兄弟から遺産の分割を請求された場合は、家を売り払うことになるケースもありました。令和2年4月施行の改正民法では配偶者居住権が新設され、自宅を所有権と居住権に分けて相続できるようになりました。残された配偶者は優先的に居住権を得て、自宅に住み続けることができます。配偶者居住権が認められなかった場合でも、最低6ヶ月間は自宅に住むことができます。

Q. 子連れ再婚しました。今の夫が亡くなっても、前夫との子供には相続権がないってホント?

A. 再婚相手の子供は、養子縁組をしなければ法定相続人になれません。

子供を連れて再婚をした場合、自分の子供と再婚相手は養子縁組をしてはじめて法律上の親子となります。同居していても養子関係がなければ、相続の権利はないので注意しましょう。なお、離婚をすると親同士は他人になりますが、実の親と子供の間には一生親子関係があります。養子縁組をした場合、子供は養親と実親の両方の相続人になる権利があります。事情があって養子縁組ができない場合は、遺言書で財産の遺贈をするのもひとつの方法です。

Q. 大切な恋人や友人に財産を残せますか?

A. 相続人以外に財産を残したい場合は、遺言で「遺贈」することができます。

遺言書がなければ、配偶者や子供、親・兄弟などの法定相続人以外に財産を残すことはできません。そこで知っておきたいのが、相続人以外に財産を贈与する「遺贈」です。「○○に××の財産を遺贈する」という旨の遺言書を作成することで、内縁のパートナー、世話になった友人などのほか、会社や母校、福祉団体などにも財産を贈与することができます。ただし兄弟姉妹を除く法定相続人には、遺留分として一定の割合の権利が保護されます。

Q. 相続税って、遺産がいくらあるとかかるの?

A. 相続の方法によっては税が軽減されます。

相続税は遺産の総額から基礎控除額を引いた金額で決まります。基礎控除額は「3,000万円＋(600万円×法定相続人数)」。法定相続人が1人の場合の基礎控除額は3,600万円、2人で4,200万円、3人で4,800万円となり、遺産の総額がそれ以下の場合は無税です。生前贈与にはさまざまな方法がありますが、最も利用しやすいのが「暦年贈与」です。1年間の贈与額が110万円以下であれば贈与税はかからず、何年でも繰り返して利用できます。計画的な生前贈与で遺産相続の際の税額を軽減することができます。

Q. まだ幼い子供にきちんと財産を残すにはどうしたらいい?

A. 未成年後見人や、後見人をチェックする未成年後見監督人を選任します。

幼い子供が相続人となる場合、財産がきちんと子供のために使われるのかという不安が残ります。子供が未成年の場合には、未成年後見人を選任して、子供の保護や財産管理をすることができます。現在は、虐待や財産の使い込みなどを防ぐため、複数の個人や法人を指定できるようになりました。さらに、後見人を監督する未成年後見監督人を選任することもできます。最近注目されているのが、一部の信託銀行で取り扱いが始まった生命保険信託です。自分の死亡保険金を信託財産として委託して「だれに、いつ、いくら渡すのか」「どのような目的で使うのか」を指定、管理することができます。運用に応じたコストが必要となります。

chapter 5

Important Data

大事なことをきちんと記録。

ここでは、自分と残された人のためのデータ作りをしましょう。もしものときを考えながら、項目ごとに書き込んでください。ばらばらだった情報が整理され、把握できて自分自身もすっきり。役立つデータ集になります。託す人には、ここに重要なデータが記録されていると伝えておきましょう。

My life is my message.

生きてきた道が、私のメッセージそのものです。

マハトマ・ガンジー　1869-1948　インド独立の父

もしものときに
知っていてほしいこと

もしものことがあったとき、残された人たちに伝えて
おくべき"私しか知らない"ことを書いておきましょう。
仕事や子供のこと、何がどこにあるかなど。

114

家族データ

家族についてまとめておきましょう。パソコンなどでデータを管理している場合は、プリントアウトして貼っておくか、データの保管場所を記入しておきましょう。

名前	生年月日	続柄	血液型

現住所 　　　　　　　　　　　　　　　　　Tel

勤務先・学校 　　　　　　　　　　　　　　Tel

携帯電話 　　　　　　　Mail

名前	生年月日	続柄	血液型

現住所 　　　　　　　　　　　　　　　　　Tel

勤務先・学校 　　　　　　　　　　　　　　Tel

携帯電話 　　　　　　　Mail

名前	生年月日	続柄	血液型

現住所 　　　　　　　　　　　　　　　　　Tel

勤務先・学校 　　　　　　　　　　　　　　Tel

携帯電話 　　　　　　　Mail

名前	生年月日	続柄	血液型
現住所		Tel	
勤務先・学校		Tel	
携帯電話	Mail		

名前	生年月日	続柄	血液型
現住所		Tel	
勤務先・学校		Tel	
携帯電話	Mail		

名前	生年月日	続柄	血液型
現住所		Tel	
勤務先・学校		Tel	
携帯電話	Mail		

親族データ

つきあいのある親戚は、いつもの呼び名や愛称を具体的に書いておきましょう。パソコンなどにデータが別途ある場合は、出力するか、どこにあるか明記しておきましょう。

名前	続柄・愛称
住所	Tel
携帯電話	Mail
連絡時：□ 入院　□ 危篤　□ 葬儀前　□ 葬儀後　□ その他 (	

名前	続柄・愛称
住所	Tel
携帯電話	Mail
連絡時：□ 入院　□ 危篤　□ 葬儀前　□ 葬儀後　□ その他 (	

名前	続柄・愛称
住所	Tel
携帯電話	Mail
連絡時：□ 入院　□ 危篤　□ 葬儀前　□ 葬儀後　□ その他 (	

名前	続柄・愛称
住所	Tel
携帯電話	Mail
連絡時：□ 入院　□ 危篤　□ 葬儀前　□ 葬儀後　□ その他 (	

※もしものときに、いつ、その人に連絡してほしいか、連絡時の欄にチェックをしておきましょう。

名前　　　　　　　　　　　　　｜続柄・愛称

住所　　　　　　　　　　　　　　　　　　　｜Tel

携帯電話　　　　　　　｜Mail

連絡時：□ 入院　□ 危篤　□ 葬儀前　□ 葬儀後　□ その他 (　　　　　　　　　　)

名前　　　　　　　　　　　　　｜続柄・愛称

住所　　　　　　　　　　　　　　　　　　　｜Tel

携帯電話　　　　　　　｜Mail

連絡時：□ 入院　□ 危篤　□ 葬儀前　□ 葬儀後　□ その他 (　　　　　　　　　　)

名前　　　　　　　　　　　　　｜続柄・愛称

住所　　　　　　　　　　　　　　　　　　　｜Tel

携帯電話　　　　　　　｜Mail

連絡時：□ 入院　□ 危篤　□ 葬儀前　□ 葬儀後　□ その他 (　　　　　　　　　　)

名前　　　　　　　　　　　　　｜続柄・愛称

住所　　　　　　　　　　　　　　　　　　　｜Tel

携帯電話　　　　　　　｜Mail

連絡時：□ 入院　□ 危篤　□ 葬儀前　□ 葬儀後　□ その他 (　　　　　　　　　　)

ファミリーマップ

余白に必要な枠を書いて、自分と家族の関係図を完成させましょう。親族がかかった病名を書いておくと、今後、自分や家族の健康管理をする参考になるかもしれません。

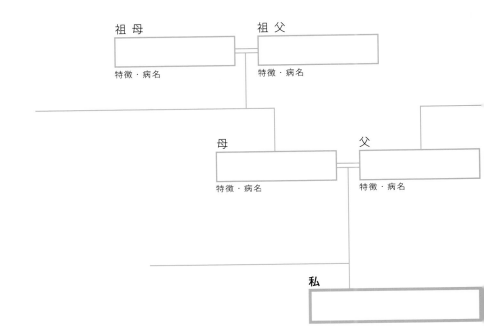

祖母
特徴・病名

祖父
特徴・病名

母
特徴・病名

父
特徴・病名

私

祖母

特徴・病名

祖父

特徴・病名

ペットについて

突然、あるときからペットの世話ができなくなると想定して書いておきましょう。ノートにペットについて記入してあることを、親しい人に知らせておくのも大切です。

名前 ┊ 種類

性別 ┊ 生年月日 ┊ 登録番号

血統書 □ あり (保管場所：) ┊ 避妊・去勢手術 □ あり
□ なし □ なし

備考 (狂犬病接種番号、接種時期など)

名前 ┊ 種類

性別 ┊ 生年月日 ┊ 登録番号

血統書 □ あり (保管場所：) ┊ 避妊・去勢手術 □ あり
□ なし □ なし

備考 (狂犬病接種番号、接種時期など)

名前 ┊ 種類

性別 ┊ 生年月日 ┊ 登録番号

血統書 □ あり (保管場所：) ┊ 避妊・去勢手術 □ あり
□ なし □ なし

備考 (狂犬病接種番号、接種時期など)

かかりつけの動物病院

病院名	連絡先	備考

ペット保険

保険会社	連絡先	備考

もしものときの希望 (引取先、世話の仕方、埋葬方法など)

預貯金について

暗証番号や通帳・印鑑の場所はここに記入しないで信頼できる人に伝えておくか、Web上のファイルに書いて鍵をかけ、パスワードを伝えるなどしてください。

金融機関	支店名	預貯金の種類
口座番号	名義人	
Web.ID	備考	

金融機関	支店名	預貯金の種類
口座番号	名義人	
Web.ID	備考	

金融機関	支店名	預貯金の種類
口座番号	名義人	
Web.ID	備考	

金融機関	支店名	預貯金の種類
口座番号	名義人	
Web.ID	備考	

金融機関	支店名	預貯金の種類
口座番号	名義人	
Web.ID	備考	

金融機関	支店名	預貯金の種類
口座番号	名義人	
Web.ID	備考	

通帳や印鑑のある場所を知っている人 （名前　　　　　連絡先

引き落とし・ローン・キャッシング

水道、電話料金等は引き落とし日を明記。ローンやキャッシング等の借金も相続の対象。金額や期間も記入しておきましょう。

項目	
金融機関／支店名	
口座番号	
備考	

項目	
金融機関／支店名	
口座番号	
備考	

項目	
金融機関／支店名	
口座番号	
備考	

項目	
金融機関／支店名	
口座番号	
備考	

項目	
金融機関／支店名	
口座番号	
備考	

項目	
金融機関／支店名	
口座番号	
備考	

項目	
金融機関／支店名	
口座番号	
備考	

項目	
金融機関／支店名	
口座番号	
備考	

項目	
金融機関／支店名	
口座番号	
備考	

項目	
金融機関／支店名	
口座番号	
備考	

※保険はP128〜129へ。

不動産・その他の資産

項目は足りなければ、コピーなどして書いてください。
弁護士・税理士・会計士はP136に記入してください。
借金や保証債務も相続されることに留意しましょう。

不動産

名称 .... 名義人 ....

持ち分 ....

所在地 ....

情報（登記簿記載内容・抵当権など）

名称 .... 名義人 ....

持ち分 ....

所在地 ....

情報（登記簿記載内容・抵当権など）

名称 .... 名義人 ....

持ち分 ....

所在地 ....

情報（登記簿記載内容・抵当権など）

その他の資産（会員権・純金やプラチナ積立など）

銘柄	名義人	取扱会社	連絡先

株式・投資信託など

銘柄	銘柄 ....
社名	社名 ....
口座番号	口座番号 ....
名義人	名義人 ....
Web.ID	Web.ID ....
連絡先	連絡先 ....
備考	備考

貸倉庫・レンタル倉庫

会社名	連絡先	場所	内容

貸付金

相手	連絡先	証書　□ あり
貸した日	金額	(保管場所：　　　　　　　) □ なし

返済について

保証債務 (借金の保証人など)

保証した日	金額	あなたが保証した人・連絡先	お金を貸した人・連絡先

※借金や保証債務は、その存在を知っていれば相続放棄も検討できます。

保険について

保険は、生命・医療・個人年金・火災・自動車・学資などいろいろな種類があります。どんなときに請求できるのかなど、内容もできるだけ詳しく書いておきましょう。

保険会社	保険名	証券番号
契約者	被保険者	受取人
担当／連絡先		保管場所
内容		

保険会社	保険名	証券番号
契約者	被保険者	受取人
担当／連絡先		保管場所
内容		

保険会社	保険名	証券番号
契約者	被保険者	受取人
担当／連絡先		保管場所
内容		

保険会社	保険名	証券番号
契約者	被保険者	受取人
担当／連絡先		保管場所
内容		

保険会社	保険名	証券番号
契約者	被保険者	受取人
担当／連絡先		保管場所
内容		

保険会社	保険名	証券番号
契約者	被保険者	受取人
担当／連絡先		保管場所
内容		

保険会社	保険名	証券番号
契約者	被保険者	受取人
担当／連絡先		保管場所
内容		

保険会社	保険名	証券番号
契約者	被保険者	受取人
担当／連絡先		保管場所
内容		

保険会社	保険名	証券番号
契約者	被保険者	受取人
担当／連絡先		保管場所
内容		

保険会社	保険名	証券番号
契約者	被保険者	受取人
担当／連絡先		保管場所
内容		

年金について

企業年金や個人年金（厚生年金基金・確定拠出年金・財形年金など）についても、書いておきましょう。年金については、毎年送付される「ねんきん定期便」を確認して。

公的年金

基礎年金番号	社会保険事務所
年金の種類　□ 国民　　□ 厚生　　□ 共済　　□ その他(	
支払口座：銀行　　　　　　支店　　　　　　口座番号	
受取口座：銀行　　　　　　支店　　　　　　口座番号	

私的年金 (企業年金・個人年金など) ⇨年金保険は P128〜129へ

年金の種類	証券番号
連絡先／担当者	
内容 (受取期間・年金額・特約など)	

年金の種類	証券番号
連絡先／担当者	
内容 (受取期間・年金額・特約など)	

年金の種類	証券番号
連絡先／担当者	
内容 (受取期間・年金額・特約など)	

クレジットカードについて

※クレジットブランドとは、VISA、MASTER、JCB、AMEX、DINERS 等です。

カード名称	紛失時連絡先
クレジットブランド	カード番号
備考	

カード名称	紛失時連絡先
クレジットブランド	カード番号
備考	

カード名称	紛失時連絡先
クレジットブランド	カード番号
備考	

カード名称	紛失時連絡先
クレジットブランド	カード番号
備考	

カード名称	紛失時連絡先
クレジットブランド	カード番号
備考	

カード名称	紛失時連絡先
クレジットブランド	カード番号
備考	

携帯・メール・Web関連

もしものとき、だれにどう処理してほしいか希望を書いておきましょう。覚え書き用にパスワードを書き込んだ場合は、ノートの保管に注意しましょう。

携帯電話

キャリア	番号	名義
メールアドレス	希望	

キャリア	番号	名義
メールアドレス	希望	

Mail

メールアドレス・ID	
パスワード	希望

メールアドレス・ID	
パスワード	希望

Webサービス (Facebook・Twitter・LINE・Amazon・楽天・その他)

サービス	メールアドレス・ID
パスワード	希望

サービス	メールアドレス・ID
パスワード	希望

サービス	メールアドレス・ID
パスワード	希望

Web関連の整理を託したい人（名前　　　　　　　　　連絡先

左に書ききれなかった、携帯やMail、Webサービスの詳細と処理の希望を記入しましょう。

コミュニケーションマップ

母校の同級生や、子供や仕事のつながり、サークル、教室、SNSのグループなど。もしものときに、誰にどんな連絡をしてほしいか、書いておくと便利です。

グループ名

キーマン
....
連絡先
....
内容

グループ名

キーマン
....
連絡先
....
内容

グループ名

キーマン
....
連絡先
....
内容

自 分

グループ名

キーマン
………………………………………………………………
連絡先
………………………………………………………………
内容

グループ名

キーマン
………………………………………………………………
連絡先
………………………………………………………………
内容

グループ名

キーマン
………………………………………………………………
連絡先
………………………………………………………………
内容

My Communication Map

もしものときの連絡リスト

コメント欄に「高校の部活の友人」など、詳しく書いておくと便利。このノート以外に連絡リストを保存している場合は下の表に書いておきましょう。

弁護士・税理士・会計士など

名前	事務所
住所	
Tel	Mail

名前	事務所
住所	
Tel	Mail

連絡リスト保管場所

	形状・フォルダー名など／保管場所
□ CD	
□ USB	
□ パソコン	
□ Web・SNS など	
□ 携帯／スマートフォン	
□ 手帳／アドレス帳	
□ 最近の年賀状	

上記の管理を託している／託したい人 （名前　　　　　連絡先　　　　　）

136

連絡リスト

名前 .... 間柄：□ 親戚　□ 友人　□ 仕事関係　□ 他
....
住所 .... コメント

....
Tel .... Mail
....
連絡時：□ 入院　□ 危篤　□ 葬儀前　□ 葬儀後　□ その他（　　　　　　　　）

名前 .... 間柄：□ 親戚　□ 友人　□ 仕事関係　□ 他
....
住所 .... コメント

....
Tel .... Mail
....
連絡時：□ 入院　□ 危篤　□ 葬儀前　□ 葬儀後　□ その他（　　　　　　　　）

名前 .... 間柄：□ 親戚　□ 友人　□ 仕事関係　□ 他
....
住所 .... コメント

....
Tel .... Mail
....
連絡時：□ 入院　□ 危篤　□ 葬儀前　□ 葬儀後　□ その他（　　　　　　　　）

名前 .... 間柄：□ 親戚　□ 友人　□ 仕事関係　□ 他
....
住所 .... コメント

....
Tel .... Mail
....
連絡時：□ 入院　□ 危篤　□ 葬儀前　□ 葬儀後　□ その他（　　　　　　　　）

※もしものときに、いつ、その人に連絡してほしいか、連絡時の欄にチェックをしておきましょう。

名前 .... ♥ .... 間柄：□ 親戚　□ 友人　□ 仕事関係　□ 他

住所 .... コメント

Tel .... Mail .... ♥ ....

連絡時：□ 入院　□ 危篤　□ 葬儀前　□ 葬儀後　□ その他 (　　　　　　　　　)

名前 .... ♥ .... 間柄：□ 親戚　□ 友人　□ 仕事関係　□ 他

住所 .... コメント

Tel .... Mail .... ♥ ....

連絡時：□ 入院　□ 危篤　□ 葬儀前　□ 葬儀後　□ その他 (　　　　　　　　　)

名前 .... ♥ .... 間柄：□ 親戚　□ 友人　□ 仕事関係　□ 他

住所 .... コメント

TEL .... Mail .... ♥ ....

連絡時：□ 入院　□ 危篤　□ 葬儀前　□ 葬儀後　□ その他 (　　　　　　　　　)

名前 .... ♥ .... 間柄：□ 親戚　□ 友人　□ 仕事関係　□ 他

住所 .... コメント

Tel .... Mail .... ♥ ....

連絡時：□ 入院　□ 危篤　□ 葬儀前　□ 葬儀後　□ その他 (　　　　　　　　　)

名前 ‥‥‥‥‥‥‥‥‥‥‥‥‥‥♥‥‥‥‥‥‥‥‥‥‥‥‥ 間柄：□ 親戚　□ 友人　□ 仕事関係　□ 他

住所　　　　　　　　　　　　　　　　　　　　　　　コメント

‥‥‥‥‥‥‥‥‥‥‥‥‥‥‥‥‥‥‥‥‥‥‥‥♥‥‥‥‥‥‥

Tel　　　　　　　　　　　Mail

連絡時：□ 入院　□ 危篤　□ 葬儀前　□ 葬儀後　□ その他（　　　　　　　　　　　）

名前 ‥‥‥‥‥‥‥‥‥‥‥‥‥‥♥‥‥‥‥‥‥‥‥‥‥‥‥ 間柄：□ 親戚　□ 友人　□ 仕事関係　□ 他

住所　　　　　　　　　　　　　　　　　　　　　　　コメント

‥‥‥‥‥‥‥‥‥‥‥‥‥‥‥‥‥‥‥‥‥‥‥‥♥‥‥‥‥‥‥

Tel　　　　　　　　　　　Mail

連絡時：□ 入院　□ 危篤　□ 葬儀前　□ 葬儀後　□ その他（　　　　　　　　　　　）

名前 ‥‥‥‥‥‥‥‥‥‥‥‥‥‥♥‥‥‥‥‥‥‥‥‥‥‥‥ 間柄：□ 親戚　□ 友人　□ 仕事関係　□ 他

住所　　　　　　　　　　　　　　　　　　　　　　　コメント

‥‥‥‥‥‥‥‥‥‥‥‥‥‥‥‥‥‥‥‥‥‥‥‥♥‥‥‥‥‥‥

Tel　　　　　　　　　　　Mail

連絡時：□ 入院　□ 危篤　□ 葬儀前　□ 葬儀後　□ その他（　　　　　　　　　　　）

名前 ‥‥‥‥‥‥‥‥‥‥‥‥‥‥♥‥‥‥‥‥‥‥‥‥‥‥‥ 間柄：□ 親戚　□ 友人　□ 仕事関係　□ 他

住所　　　　　　　　　　　　　　　　　　　　　　　コメント

‥‥‥‥‥‥‥‥‥‥‥‥‥‥‥‥‥‥‥‥‥‥‥‥♥‥‥‥‥‥‥

Tel　　　　　　　　　　　Mail

連絡時：□ 入院　□ 危篤　□ 葬儀前　□ 葬儀後　□ その他（　　　　　　　　　　　）

名前 　　　　　　　　　　　　　　　間柄：□ 親戚 　□ 友人 　□ 仕事関係 　□ 他

住所 　　　　　　　　　　　　　　　　コメント

Tel 　　　　　　　　　　　Mail

連絡時：□ 入院 　□ 危篤 　□ 葬儀前 　□ 葬儀後 　□ その他 (　　　　　　　)

名前 　　　　　　　　　　　　　　　間柄：□ 親戚 　□ 友人 　□ 仕事関係 　□ 他

住所 　　　　　　　　　　　　　　　　コメント

Tel 　　　　　　　　　　　Mail

連絡時：□ 入院 　□ 危篤 　□ 葬儀前 　□ 葬儀後 　□ その他 (　　　　　　　)

名前 　　　　　　　　　　　　　　　間柄：□ 親戚 　□ 友人 　□ 仕事関係 　□ 他

住所 　　　　　　　　　　　　　　　　コメント

Tel 　　　　　　　　　　　Mail

連絡時：□ 入院 　□ 危篤 　□ 葬儀前 　□ 葬儀後 　□ その他 (　　　　　　　)

名前 　　　　　　　　　　　　　　　間柄：□ 親戚 　□ 友人 　□ 仕事関係 　□ 他

住所 　　　　　　　　　　　　　　　　コメント

Tel 　　　　　　　　　　　Mail

連絡時：□ 入院 　□ 危篤 　□ 葬儀前 　□ 葬儀後 　□ その他 (　　　　　　　)

名前 　　　　　　　　　　　　　　　　間柄：□ 親戚　□ 友人　□ 仕事関係　□ 他
....♥.......................................
住所 　　　　　　　　　　　　　　　　　　　　　　　　コメント

....♥.............................
Tel 　　　　　　　　　　　Mail
....
連絡時：□ 入院　□ 危篤　□ 葬儀前　□ 葬儀後　□ その他 (　　　　　　　)

名前 　　　　　　　　　　　　　　　　間柄：□ 親戚　□ 友人　□ 仕事関係　□ 他
....♥.......................................
住所 　　　　　　　　　　　　　　　　　　　　　　　　コメント

....♥.............................
Tel 　　　　　　　　　　　Mail
....
連絡時：□ 入院　□ 危篤　□ 葬儀前　□ 葬儀後　□ その他 (　　　　　　　)

名前 　　　　　　　　　　　　　　　　間柄：□ 親戚　□ 友人　□ 仕事関係　□ 他
....♥.......................................
住所 　　　　　　　　　　　　　　　　　　　　　　　　コメント

....♥.............................
Tel 　　　　　　　　　　　Mail
....
連絡時：□ 入院　□ 危篤　□ 葬儀前　□ 葬儀後　□ その他 (　　　　　　　)

名前 　　　　　　　　　　　　　　　　間柄：□ 親戚　□ 友人　□ 仕事関係　□ 他
....♥.......................................
住所 　　　　　　　　　　　　　　　　　　　　　　　　コメント

....♥.............................
Tel 　　　　　　　　　　　Mail
....
連絡時：□ 入院　□ 危篤　□ 葬儀前　□ 葬儀後　□ その他 (　　　　　　　)

Notes & Thoughts
―― 書ききれなかったことや気持ち ――

書き足りないことがあれば、ここにどうぞ。
このノートについて、誰かに見せてほしい等
の要望があれば、それを書いてもいいですね

◆この本は2012年刊行の『Never Ending Note 〜未来に残すエンディングノート』の一部を、法律の改正や、制度の変更などに対応して改訂、表紙をブルーにした新装版です。

企画編集	未来に残すエンディングノート編集委員会
法律監修	小林康恵
葬儀・墓監修	吉川美津子
ファイナンシャル監修	鈴木厚

Art Director	村沢尚美 (NAOMI DESIGN AGENCY)
Designer	宮崎恭子 (NAOMI DESIGN AGENCY)
Editor in Chief	菫島治子
Managing Editor	田川久美
Writer	鳴海美紀
Translator	安念有加
Photo	PIXTA
Special Thanks	Facebookページ「未来に残すエンディングノート 編集委員会」の皆さま　リアル編集会議/戸谷彩 大津美彩緒　荻野こず恵　濱地純子　後藤裕子 小山奈緒子　當山亜紀乃　三谷文子　峰裕美 株式会社博報堂『Voice Vision』チーム 株式会社エクストーン　サプライズ エンタプライズ

出典/P65「苦味(ビター)を少々」(集英社文庫)、初出「文庫日記」(新潮文庫)
P81「ほのかに白粉の匂い」(講談社文庫)　P97「トーキョー国盗り物語」(集英社文庫)

Never Ending Note
未来に残すエンディングノート
令和ブルーVer.

2020年 7月8日　令和ブルーVer. 第1刷発行

発行人	海老原美登里
発行所	株式会社　集英社 〒101-8050　東京都千代田区一ツ橋 2・5・10 FLOWER&BEE 女性誌企画編集部：03-3230-6399 販売部：03-3230-6393(書店専用) 読者係：03-3230-6080
印刷・製本	大日本印刷株式会社